Nos ancêtres
les Barbares

de Gilles Massardier

C0-DUN-912

Dossier

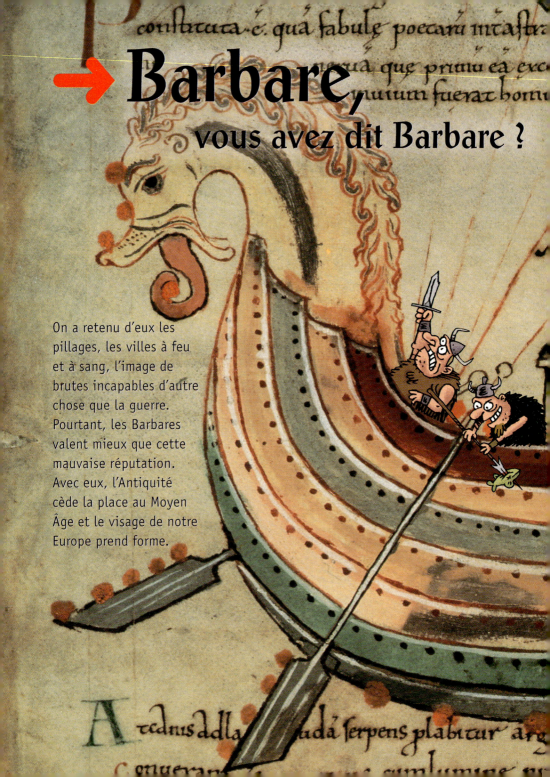

constituta e. quá fabule poetarú incastra
que prímú ea exc
mutum fuerat homi

→ Barbare,
vous avez dit Barbare ?

On a retenu d'eux les pillages, les villes à feu et à sang, l'image de brutes incapables d'autre chose que la guerre. Pourtant, les Barbares valent mieux que cette mauvaise réputation. Avec eux, l'Antiquité cède la place au Moyen Âge et le visage de notre Europe prend forme.

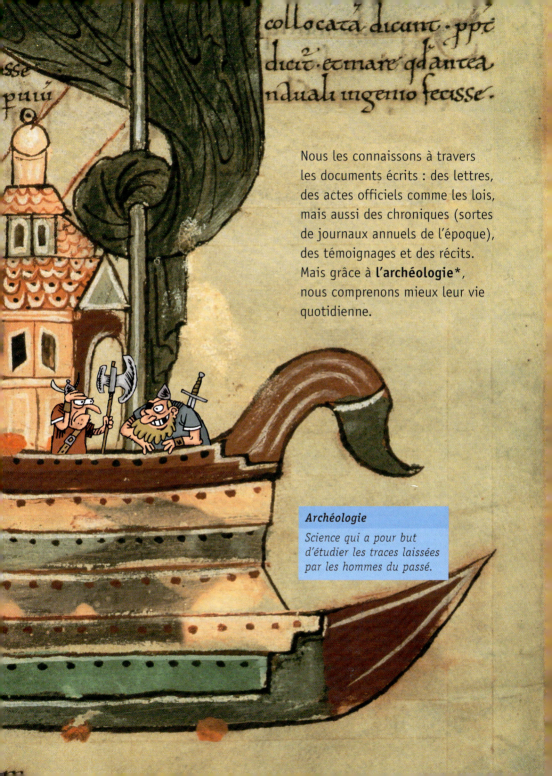

collocata dicunt · ppt
dicit · et mare qd antea
nduali ingenio fecisse.

Nous les connaissons à travers
les documents écrits : des lettres,
des actes officiels comme les lois,
mais aussi des chroniques (sortes
de journaux annuels de l'époque),
des témoignages et des récits.
Mais grâce à **l'archéologie***,
nous comprenons mieux leur vie
quotidienne.

Archéologie

*Science qui a pour but
d'étudier les traces laissées
par les hommes du passé.*

Une foule de peuples

Des populations très différentes sont désignées par le mot « barbare » qui signifie « étranger ».

■ L'étranger

Inventé par les Grecs de l'Antiquité, le mot « barbare » est construit sur une **onomatopée***. Le barbare est celui qui « bar... bar... baragouine » une langue si différente qu'elle est incompréhensible. Les Grecs se moquent un peu de ces étrangers dont ils se sentent supérieurs. Chez les Romains, il désigne ceux qui ne sont pas citoyens de l'Empire.

Onomatopée

Mot formé par la répétition d'un même son.

■ Qui sont-ils ?

Parmi les Barbares, il y a ceux que les Romains appellent Germains parce qu'ils les croient frères (*Germani* en latin) des Gaulois. Ce sont les plus nombreux. Il y a les Francs, les Burgondes, les Goths (Ostrogoths et Wisigoths), les Alamans, les Vandales, les Angles, les Saxons, les Suèves et les peuples scandinaves (Vikings). Puis il y a les peuples d'origine asiatique : Iraniens (Alains) et Turco-mongols (Huns, Magyars).

Les Germains sont sédentaires : ils vivent dans des fermes isolées ou de petits villages, cultivent la terre, élèvent du bétail et pêchent en bord de mer. Les peuples orientaux sont nomades : ils se déplacent sans cesse dans les **steppes*** *à la recherche d'herbe pour leurs troupeaux.*

Empires et Barbares au IVᵉ siècle ap. J.-C.

MAGYARS

HUNS

GERMAINS

ALAINS

EMPIRE VERS
CHINOIS

Les Scandinaves sont natifs du nord
de l'Europe (Suède, Norvège, Danemark).
Les autres Germains quittent les bords de
la Baltique pour s'installer dans la boucle
formée par le Rhin et le Danube. Les Magyars
viennent de la région de l'Oural et les Alains
des bords de la Caspienne. Les Huns arrivent
du fin fond de l'Asie (entre le lac Baïkal
et les monts de l'Altaï).

EMPIRE
PERSE

EMPIRE
INDIEN

Steppe
Grande plaine herbeuse
sans arbres.

Vive la guerre !

**Les Barbares ont en commun une passion pour la guerre.
Ils préfèrent mourir au combat que dans leur lit !**

■ Avant tout un guerrier

Les Barbares passent leur temps à faire
la guerre et bataillent entre eux.
Un homme n'est important aux yeux
des autres que parce qu'il a prouvé
sa valeur au combat. Les **razzias***
l'enrichissent et le rendent
célèbre. Les prisonniers
deviennent des esclaves.

Razzia

*Expédition rapide pour
s'emparer du butin.*

■ Les armes

Les nomades attaquent à
cheval et sont redoutables
avec leurs arcs d'os.
Les Germains combattent
à pied, à l'exception de
leurs chefs. Ils se protègent
derrière un bouclier et frappent
l'adversaire de leur lance.
Au début, très peu
d'entre eux possèdent une épée
car le minerai de fer est rare.
Au cours des siècles, l'équipement
se perfectionne et les Germains
adoptent les armes
des populations
qu'ils combattent.

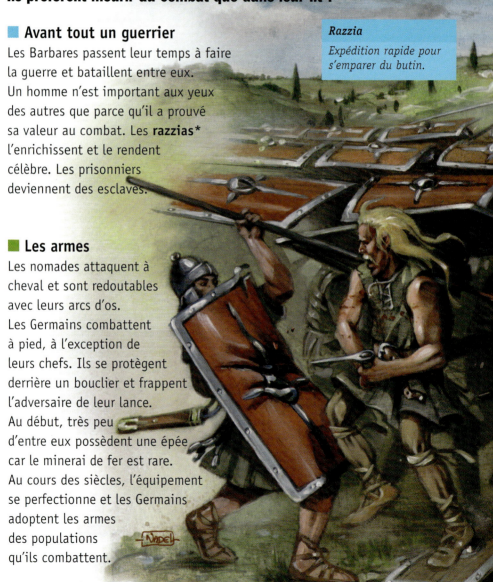

■ La seule façon de mourir

C'est de tomber sur le champ de bataille, après avoir tué le plus grand nombre d'ennemis. Chez les Germains, une fin glorieuse au combat assure l'entrée au paradis des héros : le *Walhalla*. Même s'ils meurent dans leur lit, ils se font transpercer le corps d'une lance pour y être acceptés.

bonne nuit, minou...

Légion
Nom donné aux armées romaines.

■ On fonce dans le tas !

Les attaques sauvages des Barbares reposent sur la rapidité, face aux **légions*** romaines disciplinées, mais lentes.

Envahisseurs ou immigrants ?

Les Barbares sont-ils des pillards assoiffés d'or et de sang, ou des peuples en quête de nouvelles terres ? Les deux à la fois.

▪ Un Empire romain difficile à protéger

L'immense Empire romain s'étend sur toute la Méditerranée. Une ligne de fortifications, le *limes*, le protège, car les Germains pillent sans cesse ses richesses. À partir du IIIe siècle, l'empire manque de soldats et accueille donc des tribus de Barbares pour défendre ses frontières. Ce sont les **fédérés***. Une vieille inscription dit : « Je suis franc et sous les armes, soldat romain. »

Fédérés

Le terme vient du mot latin fœdus : « traité ». Les fédérés ont conclu une alliance avec Rome.

MER DU NORD

Gaule

Danube

EMPIRE ROMAIN D'OCCIDENT

Rome

MER MÉDITERRANÉE

MER AD

■ Les grandes migrations*

Tout se précipite à la fin du IVe siècle, avec le déferlement des Huns. La sécheresse a détruit les pâturages d'Asie. Ces nomades cherchent alors de nouvelles terres à l'ouest, car celles du sud et de l'est sont occupées par les puissants Empires perse, indien et chinois. Les Huns chassent les autres peuples de leurs terres et ces derniers se réfugient dans l'Empire romain.

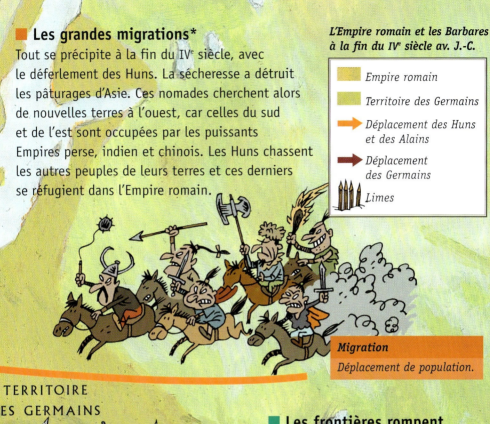

L'Empire romain et les Barbares à la fin du IVe siècle av. J.-C.

Empire romain
Territoire des Germains
Déplacement des Huns et des Alains
Déplacement des Germains
Limes

Migration
Déplacement de population.

TERRITOIRE DES GERMAINS

MER NOIRE

Constantinople

EMPIRE ROMAIN D'ORIENT

■ Les frontières rompent

Le 31 décembre 406, 150 000 Barbares, hommes, femmes, enfants et vieillards en quête de terres, passent le Rhin gelé en profondeur. Ils sont Vandales, Suèves ou Alains. C'est la première vraie grande invasion de l'Empire par les Barbares. Quatre ans plus tard, en 410, des Wisigoths dévastent Rome. Ces deux invasions sont brutales, mais le reste du temps, les Barbares s'installent de manière progressive et sans violence dans l'Empire romain.

Les Huns

Mentionnés pour la première fois au IVᵉ siècle, les Huns disparaissent à la fin du Vᵉ siècle. Entre-temps, ils sèment la terreur dans l'Empire romain. Ils restent une énigme pour les historiens.

■ Des « bêtes à deux pieds »

L'expression est d'Ammien Marcellin, un Grec, ancien soldat de Rome. Elle reflète la frayeur et la répugnance des citoyens de l'Empire face aux Huns qui semblent surgir de nulle part, comme des diables.

■ Des tribus d'éleveurs nomades

Les Huns voyagent sans arrêt, traînant derrière eux femmes, enfants, bagages, avec pour domicile leur chariot ou une tente. La société hunnique s'organise en familles puis en tribus et enfin en une dizaine de peuples dominés par des chefs, les « rois ».

Le peuple-démon

Les Goths racontaient que les Huns étaient les enfants de sorcières gothiques et de démons des steppes. Plus sérieusement, les historiens ont cru un moment que les Huns et les **Hiong-nou*** étaient un même et unique peuple. Aujourd'hui, on les rattache plutôt aux Kuns, une autre peuplade mentionnée par les Chinois.

Hiong-nou

Cette population menaça l'Empire chinois.

L'art des steppes

Les Huns excellent dans le travail des métaux précieux et l'incrustation de pierres précieuses. Leur style est polychrome (coloré) et représente des animaux. À l'exception de cet art, il n'y a pas d'autre trace de la civilisation des Huns en Europe.

Attila le conquérant (vers 395-453)

Partout, sauf en Hongrie, on a gardé d'Attila l'image d'un Barbare cruel : le « fléau de Dieu ».

■ Pas si barbare que ça !

Enfant, Attila se lie d'amitié avec le jeune Romain Aetius. Celui-ci a été envoyé par les siens comme **« otage d'honneur »*** à la cour de Ruga, oncle d'Attila et roi des Huns de Pannonie (l'actuelle Hongrie). Aetius lui enseigne des rudiments de latin. Vers 408, Attila est reçu en Occident, à la cour de Ravenne. Il y perfectionne son latin et apprend le grec.

Otage d'honneur

Personne envoyée par les Romains chez les Barbares afin de garantir la paix.

■ Assassin et rassembleur

À la mort de leur oncle, Attila et son frère aîné Bléda règnent ensemble. Puis Attila le fait assassiner. Une légende raconte qu'à la même époque, un bouvier trouva l'épée de **Mars*** enfouie dans le sol et l'apporta à Attila. Celui-ci répandit alors le bruit que les dieux l'avaient choisi pour régner sur le monde. Pour réaliser ce projet, Attila unit sous son autorité les tribus hunniques du Danube à la mer Noire et soumet d'autres Barbares.

Mars

Mars est le dieu de la guerre chez les Romains.

◼ L'ancien ami

De 440 à 447, Attila menace l'Empire d'Orient.
Puis il se tourne en 451 vers l'Occident et
ravage la Gaule du Nord. Les chemins d'Attila
et d'Aetius se croisent à nouveau : Aetius le
vainc à la bataille des champs Catalauniques,
en 451. Après l'invasion de l'Italie du Nord,
Attila se replie en Pannonie. En 453,
il succombe à une attaque d'apoplexie lors
de ses noces. Son empire s'effondre alors.

*Anthony Quinn
dans le rôle
du roi des Huns
(*Attila, Fléau
de Dieu,
*un film de
P. Francisci,
1954).*

*« L'herbe ne repousse pas où son cheval
est passé ». Cette expression célèbre
évoque la fougue du guerrier Attila.*

◼ Attila dans la mémoire des hommes

Pendant la guerre mondiale de 1914-1918,
des journalistes français ont comparé la cruauté
du dirigeant de l'Allemagne à celle d'Attila.
Les Hongrois, eux, considèrent Attila comme
le fondateur de leur pays et son prénom y est
même très répandu. Son personnage
a en tout cas inspiré beaucoup d'artistes.

Les royaumes des Barbares

L'Occident de la fin du Vᵉ siècle et du VIᵉ siècle voit les royaumes barbares germaniques remplacer progressivement les provinces impériales.

■ La fin de l'Empire romain d'Occident

Les Germains s'établissent un peu partout dans l'Empire romain. Leurs chefs remplacent petit à petit les Romains aux postes clefs. Alors, lorsqu'en 476 le Germain Odoacre, fils d'un général d'Attila, renverse l'empereur Romulus Augustule, personne ne le remarque vraiment. C'est la fin de l'Empire romain d'Occident ; celui d'Orient durera jusqu'en 1453, sous le nom d'Empire byzantin.

■ La formation des royaumes

L'Empire se morcelle en de nombreux royaumes : angle et saxon en Bretagne (l'actuelle Angleterre), franc et burgonde en Gaule, wisigoth et suève en Espagne, ostrogoth en Italie, vandale en Afrique et dans les îles de la Méditerranée.

■ Comme à Rome !

Les rois germaniques tiennent leur pouvoir
de leur père, de leur oncle, ou parce
qu'ils ont été élus par leurs guerriers.
Ils imitent les empereurs romains,
se font passer pour leurs successeurs
et s'appuient sur des collaborateurs
romains pour gouverner. Certains
entretiennent des relations
avec l'Empire romain d'Orient.

Dynastie
*Suite de souverains
d'une même famille.*

■ Une existence éphémère

La majorité de ces royaumes
ne dure que le temps d'un
règne ou d'une **dynastie***
et la carte de l'Occident
ne cesse de se modifier.
Entre les VIe et VIIIe siècles,
l'Empire romain d'Orient
reconquiert l'Afrique vandale,
reprend l'Italie des mains
des Ostrogoths puis la perd
au profit des Lombards.
Les Francs conquièrent la
Burgondie et le royaume
wisigoth disparaît sous les
coups des Arabes. En fait,
seul le royaume franc est
vraiment durable.

Clovis,
roi des Francs
(vers 466-511)

Au tournant des Ve et VIe siècles après J.-C., un chef barbare impose sa volonté à la Gaule. Il fonde le royaume des Francs, ancêtre de la France.

Un petit chef de province
Childéric Ier, son père, était le roi d'une tribu de Francs saliens fédérés et gouvernait le sud de l'actuelle Belgique au nom de Rome.

■ Un illustre inconnu
On ne sait presque rien de la vie de Clovis. L'essentiel de nos informations vient d'un livre écrit par Grégoire de Tours : l'*Histoire des Francs*. Son vrai nom est Chlodweg, « Louis ». Il signifie « glorieux par ses exploits » en ancien allemand. Une légende raconte que son grand-père Mérovée est né des amours d'une reine et d'un dieu de la mer.

Le vase de Soissons
Dérobé lors du pillage d'une église, ce vase d'argent fut réclamé par son propriétaire, un évêque.

Un fin renard
Il sait aussi nouer des alliances : il marie une de ses sœurs au roi des Ostrogoths et épouse une princesse burgonde, Clotilde.

Un jeune roi

Lorsque Childéric meurt en 481,
Clovis, âgé de quinze ans, lui succède.

Un homme ambitieux

Dans sa cinquième année de règne, en 486,
Clovis renverse le dernier représentant de
Rome en Gaule, le Gallo-Romain Syagrius.

Un casse-tête

Ce vase n'a pas été brisé, mais cabossé
par un guerrier franc, furieux que Clovis
le réclame en plus de sa part. Le vase
fut rendu et l'énergumène exécuté.

Un chef de guerre

Clovis guerroie contre les autres Barbares
installés en Gaule.

Un roi baptisé

Il se convertit à la religion catholique, ce qui
lui vaut l'appui précieux de l'Église. À sa mort,
en 511, le royaume des Francs s'étend du Rhin
aux Pyrénées.

Ses descendants

Les Mérovingiens, qui tirent leur nom
de Mérovée, le grand-père de Clovis,
régneront jusqu'en 751.

Les Francs en société

**Leur société, représentative de celle des Germains,
s'organise autour de la famille, du clan et de la tribu.**

■ L'homme libre

Une bonne partie de la population
est constituée d'hommes libres
dont l'importance est déterminée
par la richesse et la bravoure.
La population comprend
aussi des esclaves et
des affranchis, anciens
serviteurs auxquels
on a rendu la liberté.

■ Vengeance !

Les liens familiaux sont très
forts. Quand un individu
est volé, blessé ou tué, sa
famille cherche à le venger.
Pour éviter cela, les Francs
ont mis au point un système
de compensation : *le wergeld*
(« prix de l'homme »).
Le coupable et ses parents payent
une amende à la famille de la victime.
Plus le crime est grave, plus la somme
est lourde. La mort d'un esclave coûte
30 sous, celle d'un homme libre, 200,
celle d'une femme en âge d'enfanter, 600.

Famille

*La famille barbare comprend
les parents, les enfants,
les grands-parents, les neveux,
les oncles et les cousins.*

Le père, chef de famille

Il exerce son autorité sur son épouse, ses enfants non majeurs et ses esclaves. Les Francs les plus riches sont polygames : ils ont une épouse et des concubines.

Les jeunes filles

Elles deviennent majeures en se mariant, dès douze ans. Elles dépendent alors de leur mari.

Le garçon

Il atteint la majorité à quatorze ans. Il reçoit alors une hache de lancer, la francisque.

Le clan et la tribu

Les familles* paternelle et maternelle forment un groupe appelé « clan ». Les clans qui descendent du même ancêtre composent la « tribu ». Chaque tribu possède une assemblée d'hommes libres et un roi à sa tête. Pour faire la guerre, les tribus s'allient et forment une « fédération ». Au IIIᵉ siècle, les Francs sont une fédération regroupant 8 tribus : Ampsivariens, Bructères, Chamaves, Chattuaires, Tenctères, Tubantes, Usipètes, Saliens.

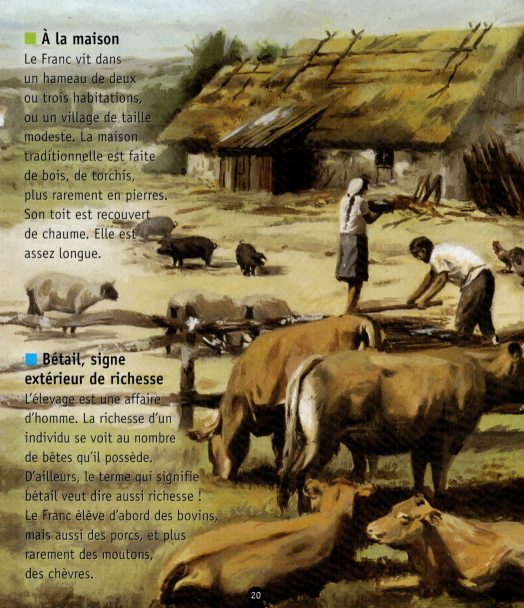

Le Franc au quotidien

Lorsqu'il ne combat pas, le Franc échange pour un temps sa francisque contre la charrue. Certains savent travailler le fer et les métaux précieux.

À la maison

Le Franc vit dans un hameau de deux ou trois habitations, ou un village de taille modeste. La maison traditionnelle est faite de bois, de torchis, plus rarement en pierres. Son toit est recouvert de chaume. Elle est assez longue.

Bétail, signe extérieur de richesse

L'élevage est une affaire d'homme. La richesse d'un individu se voit au nombre de bêtes qu'il possède. D'ailleurs, le terme qui signifie bétail veut dire aussi richesse ! Le Franc élève d'abord des bovins, mais aussi des porcs, et plus rarement des moutons, des chèvres.

Le travail de la terre

L'étude des pollens et des graines retrouvés sur les lieux des fouilles nous donne une idée des plantes cultivées par les Francs. L'orge, consommée sous forme de galettes, de bouillies, de bière, est présente partout. Le Franc laboure à l'aide d'un « araire » composé d'un soc de fer qui égratigne la terre et d'un manche qui sert à le guider. Les activités consistant à conserver, à moudre et à préparer le grain sont laissées aux femmes.

Des artisans de talent

Les Francs fabriquent des épées en fer à la fois souples et résistantes. Ce sont aussi de très bons orfèvres. Ils façonnent de beaux objets en incrustant des pierres précieuses sur des cloisons d'argent et d'or, une technique empruntée aux Huns.

Reliquaire de Theudéric (VIIᵉ siècle). Ce coffret, dans lequel on conservait les os d'un saint, est en bois recouvert d'or, de verroterie, de pierres précieuses et d'un camée à tête d'homme.

Plectrude et Chrodebert, top

Grâce à l'archéologie, nous pouvons nous faire une idée de la mode à l'époque des Francs.

Deux fibules rondes avec des grenats et un collier.

Deux fibules ansées.

Une bague en or, VIᵉ siècle.

Les boucles d'oreilles en or de la reine Arégonde, VIᵉ siècle.

Plectrude *porte une robe de soie bleu saphir « made in » Orient, ajustée au genou. Pratique, les deux paires de fibules (sortes de broches) qui ferment la robe à l'encolure et au niveau du bassin. La ceinture à large et lourde boucle supporte une rouelle de bronze avec ses objets de toilette et porte-bonheur. Les bracelets, boucles d'oreilles, collier de perles et épingles à cheveux sont très tendance comme d'habitude cet hiver.*

LA NOUVEAUTÉ ! LA BAGUE, À PORTER À LA MAIN GAUCHE.

Les femmes mariées portent leurs cheveux retenus en chignon. Les jeunes filles laissent leur chevelure libre.

models

Fermoir d'aumônière, (bourse dans laquelle Chrodebert range son peigne, des ciseaux, des cure-dents…). Il se termine par des têtes de rapaces.

Plaque-boucle de ceinture. Celle des femmes pouvait atteindre 30 cm de long et peser plus d'1 kg.

Reconstitution d'un fourreau de scramasaxe. La gaine de cuir porte une série d'appliques et de rivets en or d'origine.

Ci-contre, Chrodebert *porte un pantalon de laine et une tunique de lin écarlate à la toute dernière mode. La tunique est serrée à la taille par une ceinture à laquelle sont fixés les accessoires indispensables du Franc : l'aumônière et le scramasaxe (coutelas). Le manteau non fermé est jeté avec chic sur ses épaules. Les chaussures 100 % cuir véritable sont maintenues par des lanières à entrecroiser jusqu'au genou.*

Le détail pratique !
Le baudrier qui permet de porter l'épée à la taille.

Chrodebert et ses poils !
Chrodebert prend grand soin de sa chevelure. Car pour lui comme pour les autres chefs Francs, plus on a de poils, plus fort on est. Ainsi, un roi n'a plus le droit de régner s'il est tondu et les vaincus sont systématiquement scalpés.

Épée longue et reconstitution de fourreau. Les armes découvertes sont toutes en mauvais état.

Tous ces objets ont été retrouvés dans des tombes grâce à des fouilles archéologiques.

Le brassage des peuples

**Au début, Germains et Romains vivent chacun de leur côté.
Puis les uns se romanisent, les autres se barbarisent.
Les deux cultures s'enrichissent mutuellement.**

Gallo-Romain
*Habitant de la
Gaule romaine.*

■ « Le bruit et l'odeur »

Dans une lettre, le **Gallo-Romain***
Sidoine Appolinaire se plaint du bruit
que font les Burgondes et de l'odeur
d'ail de leur cuisine. L'arrivée
des Germains pose des problèmes
de racisme ; ils sont si différents
des populations locales ! Les mariages
entre Romains et Barbares sont
d'abord interdits sous peine de mort.

■ Deux communautés

Les Goths refusent de s'intégrer pour
mieux préserver leur identité. Dans les
cités italiennes, les quartiers romains
et barbares sont ainsi séparés. En Gaule,
Francs et Romains conservent d'abord
leur langue et leurs propres traditions.
Plus tard, ils se fondent en une seule
communauté et obéissent à une même loi.

Eh, Gunther t'as vu ma bague?

Une société romano-barbare

Le nombre peu élevé des Barbares (2 à 10 % de la population) facilite le mélange. Les Germains vont aux thermes, assistent aux jeux du cirque et les Romains portent des bijoux d'inspiration barbare. Le latin continue à être écrit et parlé, mais se modifie avec l'arrivée de mots germaniques. L'allemand, l'anglais, mais aussi une partie des vocabulaires français et italien dérivent des langues germaniques.

La mode des prénoms germaniques

Les Germains ne connaissent pas le nom de famille ; ils désignent la personne par un prénom qui évoque des qualités essentielles, des animaux ou des objets importants dans leur culture.

BONJOUR BERNARD*!

Salut Gertrude* salut Bertrand*!

* Bernard (bern=ours et hard=dur),
Gertrude (gari=lance et trud=fidèle),
Bertrand (behrt=illustre et ramm= corbeau).

Dieux et héros

Avant de devenir chrétiens, les peuples germaniques croient en une multitude de dieux, et les héros dont ils chantent les louanges sont tous des guerriers extraordinaires.

THOR

ELFE

BEOWULF

GRENDEL

BALDER

TROLL

■ Les Ases et les Vanes

Les dieux du Nord appartiennent à deux familles : les Ases et les Vanes. Les Ases sont des guerriers tandis que les Vanes sont des producteurs. Tous les Germains ont prié les Ases tandis que les Vanes n'ont été vénérés qu'en Scandinavie. Les principales divinités sont Odin le roi des dieux, à la fois sorcier et poète, Thor le pourfendeur de géants, Balder le dieu bon, Frigg l'épouse d'Odin, Freyja la déesse de l'amour, Loki le diable nordique.

■ Guerrier-ours et guerrier-loup

Des plaques de casque retrouvées en Suède montrent deux guerriers déguisés en ours et en loup. Ce sont les *bersekr*, « guerriers-fauves », des combattants fabuleux, quasi-invincibles lorsqu'ils se mettent en colère.

LOKI

FREYJA

ODIN

BERSEKR

FRIGG

BERSERKIR

NAIN

■ Les tueurs de monstres

À l'image du dieu Thor qui passe son temps à défendre le royaume des dieux contre les géants, les héros des récits germaniques sont tous des guerriers tueurs de monstres. Beowulf élimine Grendel et sa répugnante ogresse de mère, qui terrorisaient à eux deux un royaume entier.

■ Nains, géants, trolls et elfes

Les traditions germaniques abondent en créatures fantastiques, bénéfiques ou maléfiques. Contrairement à l'image qu'on se fait d'eux, aucun de ces êtres n'était minuscule. C'est le christianisme qui les a rapetissés lorsqu'il a lutté contre les anciennes croyances des Barbares.

L'Église et les Barbares

L'Empire romain était officiellement chrétien et certains Barbares se sont convertis assez tôt. Cependant, une part importante de la population est restée païenne.

■ Un empire chrétien ?

En 393 après J.-C., le christianisme est devenu la seule religion autorisée dans l'empire. Bien implanté dans les villes, il peine à s'imposer dans les campagnes où les gens restent païens. Le mot « païen » vient de *pagus*, qui signifie « paysan » en latin. Contrairement aux chrétiens, qui ne croient qu'en un seul Dieu, les païens prient de nombreuses divinités. Ils croient à la magie et aux pouvoirs de l'eau, du vent et du tonnerre.

La nourriture spirituelle avant la nourriture terrestre !

Hérétique

Chrétien dont la foi ne correspond pas à ce que dit l'Église.

■ Barbares païens ou hérétiques

Au IVe siècle, la plupart des Barbares sont païens. Certains Germains (Goths, Burgondes, Alamans) adoptent un christianisme déformé : ils ne croient pas au caractère divin du Christ. L'Église catholique les considère comme des **hérétiques***.

28

La conversion des Barbares

Entre le Ve et le VIIIe siècle, tous les Germains adoptent la religion chrétienne catholique, de gré, comme les Francs qui imitent leur roi Clovis, ou de force, comme les Saxons continentaux. Charlemagne fait abattre puis débiter en planches leur arbre sacré, l'Irminsul, pour construire une chapelle. Les Scandinaves, eux, se convertissent seulement au XIe siècle.

Pierre dressée monumentale sur laquelle sont gravées des runes (Danemark).

L'Église sauve l'écrit

Grâce à des moines qui recopient les manuscrits et notent ce que les gens leur racontent, l'Église évite qu'une grande partie de la culture antique et des traditions barbares ne disparaisse à jamais. En effet, les Barbares n'ont pas de véritable écriture, exception faite des **runes*** pour les Germains. Tout passe par la parole.

Runes

Les runes sont des lettres. Elles sont gravées avec des pointes sur la pierre, le métal ou le bois.

Les itinéraires des Vikings

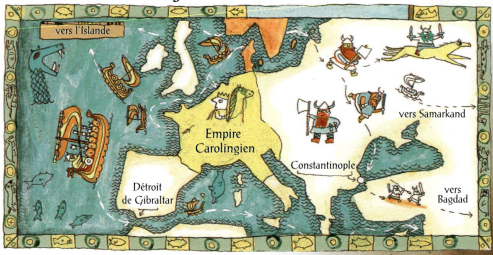

vers l'Islande

Empire Carolingien

Détroit de Gibraltar

Constantinople

vers Samarkand

vers Bagdad

→ info

Les Vikings, derniers Barbares

Du VIIIe au Xe siècle, les derniers Barbares sont danois, norvégiens et suédois. En Occident, on les nomme : Northmanni, « hommes du Nord ». Les Scandinaves n'appellent « Vikings » que ceux qui participent aux expéditions maritimes.

▮ Tout est bon pour faire fortune !

Les Vikings sont des marchands. Leur négoce repose sur le trafic d'esclaves et les produits de luxe : fourrures du Groenland, ambre de la Baltique, miel d'Angleterre, soieries, parfums de Chine. Mais ils n'hésitent pas à se transformer en pillards pour vider de leurs richesses les monastères et les villes sans défense. Ils **rackettent*** les populations qui leur payent un tribut pour avoir la paix, le « *danegeld* ».

> **Racketter**
> *Menacer quelqu'un de violence pour qu'il donne son argent ou ses objets précieux.*

■ « Protégez-nous, Seigneur, de la fureur des hommes du Nord »

La rapidité et la violence des raids Vikings provoquent la terreur parmi les populations. Ils attaquent les îles anglo-saxonnes et l'Empire **carolingien***. En novembre 885, sept cents de leurs bateaux remontent la Seine jusqu'à Paris.

■ Des fondateurs d'États

Ils créent un royaume en Angleterre, un autre en Italie du Sud et en Sicile. Ils sont à l'origine de la Russie, c'est-à-dire « le pays des Rus » (*Rus* est le nom finnois des Suédois). En 911, le roi Charles le Simple cède au Norvégien Rollon la Basse-Seine, qui devient la Normandie. Rollon promet en échange de se faire baptiser et de défendre le royaume contre d'autres envahisseurs.

> **Carolingiens**
> *Successeurs des Mérovingiens. Leur nom se rattache à Charlemagne.*

Les maîtres des mers et des fleuves

Les Vikings sont des marins. Ils doivent leurs succès à un bateau exceptionnel, aussi fameux que la caravelle utilisée par Christophe Colomb.

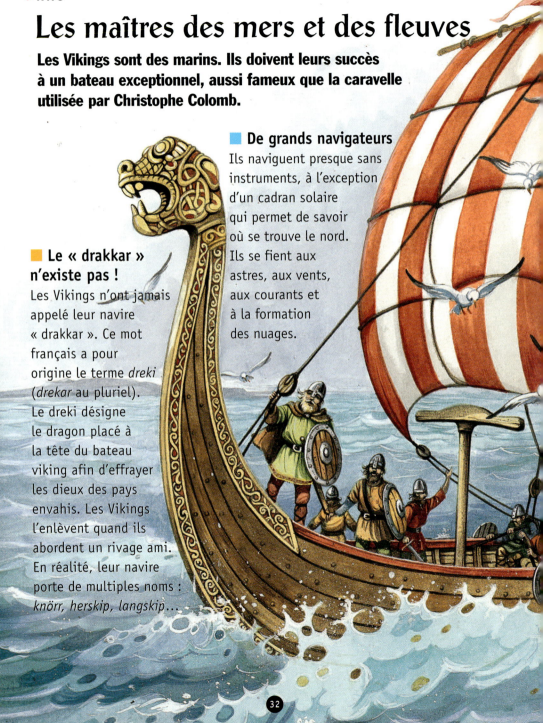

■ Le « drakkar » n'existe pas !

Les Vikings n'ont jamais appelé leur navire « drakkar ». Ce mot français a pour origine le terme *dreki* (*drekar* au pluriel). Le dreki désigne le dragon placé à la tête du bateau viking afin d'effrayer les dieux des pays envahis. Les Vikings l'enlèvent quand ils abordent un rivage ami. En réalité, leur navire porte de multiples noms : *knörr, herskip, langskip*…

■ De grands navigateurs

Ils naviguent presque sans instruments, à l'exception d'un cadran solaire qui permet de savoir où se trouve le nord. Ils se fient aux astres, aux vents, aux courants et à la formation des nuages.

FICHE TECHNIQUE
(langskip découvert à Gokstad, Norvège en 1880)

Dimensions : Longueur : 23,3 m. Largeur : 5,2 m.
Poids : 8 tonnes (vide), jusqu'à 18 (équipage
de 40 à 70 hommes plus la cargaison).

Hauteur sur l'eau : 3,5 m (avant), 2,5 m (arrière), 1 m pour le reste
de la coque. Mât unique de 10 m. La voile, principal moyen de propulsion,
est un rectangle de 72 m². Rames (2 × 16) de 5,85 m de long.

Gouvernail à tribord (droite) arrière : 3,30 m de long.
Performances : résistant, souple, stable, rapide (plus de 18 km/h);
il lui faut 8 jours pour aller du Danemark à l'Espagne.

Il navigue aussi bien en haute mer qu'à l'intérieur des terres,
sur les fleuves et les rivières.

■ Les bateaux-tombes

Lorsqu'un chef viking meurt, son ultime voyage s'effectue encore sur un navire. Il est déposé à bord d'un bateau funéraire qui est soit incendié en mer, soit enterré. On a retrouvé un de ces navires à Oseberg (Norvège) en 1904.

Érik et Leifr, une famille de

L'archéologie confirme les récits des sagas : cinq siècles avant Christophe Colomb, des aventuriers vikings découvrent le continent américain.

■ D'heureux hasards

Les découvertes vikings (Islande, Groenland et Amérique) se déroulent souvent de la même manière. Un navigateur se perd à cause d'une tempête, il aperçoit une terre inconnue. De retour chez lui, il en parle et d'autres marins se lancent alors à l'aventure.

■ Érik le Rouge *(vers 955 - vers 1010)*

En 964, le Norvégien Thorvald est condamné à l'exil. Sa famille le suit en Islande. Son fils Érik s'y marie avec une riche veuve. Vers 978, Érik tue trois hommes au cours d'une querelle de voisinage ; il est banni d'Islande pour trois ans. Il décide alors de tenter l'aventure plus à l'ouest.

■ Le Groenland

À la fin de son exil, Érik revient en Islande vanter les beautés de la terre qu'il a découverte et baptisée « le pays vert ». Elle est en réalité recouverte de glace. Des familles se laissent convaincre et y accostent en 986. Une de ces colonies sera habitée jusqu'en 1490.

découvreurs

35

Tel père, tel fils

En l'an 1000, Leifr, un des fils d'Érik, part
à la recherche de nouvelles terres, toujours
plus à l'ouest. Il découvre trois contrées
(une partie du Canada actuel) qu'il nomme
Helluland (« pays des Pierres plates »,
terre de Baffin), *Markland* (« pays des Forêts »,
Labrador) et *Vinland* (« pays de la Vigne »,
Terre-Neuve).

Inuits
Peuplade du cercle arctique.

Terre de Baffin

Groenland

Scandinavie

Islande

Labrador

Terre-Neuve — Anse-aux-Meadows

Canada

Océan
Atlantique

■ Voyage d'Érik le Rouge
■ Voyage de Leifr
■ Voyage de C. Colomb en 1492-93

L'installation en Amérique

Les Vikings n'ont pas vécu longtemps sur le continent
nord-américain, peut-être à cause de conflits avec les
Amérindiens ou les **Inuits*** qu'ils appellent *Skraelings*
(les « hommes laids »). Les archéologues ont retrouvé
à l'Anse-aux-Meadows (île de Terre-Neuve) des traces
d'habitations vikings datant de 1000-1020.

DANS LA VIE, ON DOIT FAIRE DES SACRIFICES

Les Germains païens sacrifient des animaux et même quelquefois des humains : des hommes, des femmes et plus rarement des enfants. Ces victimes sont pendues, étranglées, décapitées ou noyées.
Les sacrifiés sont des prisonniers de guerre mais aussi des gens que le village exécute pour invoquer l'aide des dieux ou encore parce qu'ils portent malheur.

Incroyable

L'ANCÊTRE DU GEL COIFFANT

Les Germains se passent du beurre rance (lorsque son goût est aigre et son odeur très forte) dans les cheveux pour leur donner du brillant. Cette habitude dégoûte les Romains qui, plus civilisés, préfèrent se servir d'huile d'olive.

QUEL OSTROGOTH, CE VANDALE !

Les noms, ainsi que la mauvaise réputation des Vandales et des Ostrogoths, deux peuples germaniques, sont passés dans le langage courant, comme noms communs. Aujourd'hui, ils désignent des gens pas très recommandables. Un « vandale » est une personne qui saccage tout par bêtise ou par malveillance, tandis qu'un « ostrogoth » est un individu grossier.

mais vrai !

DE VRAIES BEAUTÉS

Les critères de beauté varient selon les époques et les civilisations. Ainsi, les Huns entaillent profondément les joues de leurs fils pour éviter la pousse de la barbe à la puberté. Plus étrange encore, les Alains déforment le crâne des filles en le compressant avec des bandelettes. À leur contact, des Germains adoptent cette pratique. Des crânes déformés ont été découverts dans les cimetières burgondes de l'est de la France et en Suisse.

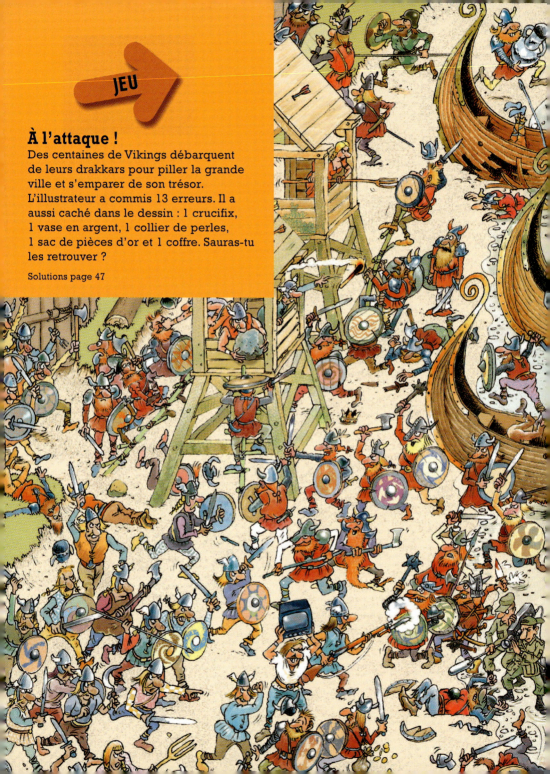

Solutions page 47

ACTIVITÉ

**Il te faut pour réaliser
la fibule et le casque de Viking :**

➜ Un ballon, une aiguille, du papier journal
coupé en petites bandes, de la colle pour papier
peint, du scotch, un tube de colle, du carton,
de la feutrine, de la cordelette, des perles
de couleur, une attache pour broche, une bombe
de peinture or.

La fibule

❶ Trace un cercle sur du carton à l'aide
d'une tasse, et découpe-le.

❷ Dans du carton fin, coupe une forme
de drakkar, une voile carrée et deux
personnages. Colle-les au centre du cercle.

❸ Avec un tube de colle, fixe
la cordelette comme sur le dessin,
pour faire les décorations.
N'oublie pas de faire des
« escargots » que les Vikings
appelaient des « entrelacs ».

❹ Quand tout est sec, peins
la fibule avec une bombe d'or.
Colle au centre de chaque
« entrelacs » une perle de couleur.
À l'arrière, colle l'attache de broche.

❶

❷

❸

❹

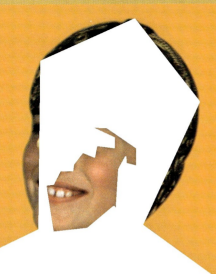

Le casque de Viking

1 Gonfle un ballon de la taille de ta tête. Recouvre la moitié du ballon avec 4 couches de papier mâché (papier journal + colle). Laisse sécher toute une nuit. Le lendemain, perce le ballon avec l'aiguille : il te reste un « bol » de papier. Sèche l'intérieur un peu humide avec un sèche-cheveux.

2 Découpe tout le tour en arrondissant autour des yeux. Dans du carton fin, découpe les formes pour recouvrir le nez et les oreilles.

3 Fixe-les avec du scotch et du papier mâché. Sèche au sèche-cheveux.

4 Avec de la colle en tube, place les décorations comme sur le schéma :
- des petits rectangles de carton découpés,
- 4 silhouettes de guerriers en feutrine,
- de la cordelette pour les entrelacs.

Quand tout est bien sec, vaporise le casque avec la bombe d'or. Décore enfin le casque avec des perles de couleur pour faire des pierres précieuses.

1
2
3
4

→ L'Empire romain d'Occident disparaît :

- En 476 ?
- En 1453 ?
- En 451 ?

En 476.

→ Le mot « barbare » signifie :

- Étranger ?
- Méchant ?
- Guerrier ?

Étranger.

TEST

Le sais

→ Une fibule est :

- Une flèche ?
- Une attache servant à fixer
le vêtement ?
- Un vêtement porté par les femmes ?

Une attache servant à fixer le vêtement.

→ Les Vikings appellent leur bateau « drakkar ».

Vrai ou faux ?

Faux. Ce mot est une construction française fondée sur le terme *drek*, qui signifie « dragon ». Il désigne la figure de proue en forme d'animal fabuleux.

→ Le vase de Soissons a été :

- Brisé ?
- Cabossé ?
- Rendu en bon état ?

Cabossé.

tu ?

→ Un païen est polythéiste. Cela veut dire qu'il croit :

- En l'existence d'un seul dieu ?
- En plusieurs dieux ?
- En rien ?

Cela veut dire qu'il croit en l'existence de plusieurs dieux.

→ Les Vikings ont découvert :

- Le continent américain ?
- Le Groenland ?
- L'Afrique ?

Le Groenland et le continent américain.

OLAF ET GERTRÜD

Index

Ravenne 12
Romains 4, 15, 24, 36
Romulus 14
Ruga 12

Saxons 4, 29
Scramasaxe 23
Soissons 16
Soissons (vase de) 43
Suèves 4, 8
Suisse 37

Terre-Neuve 35

Vandales 4, 8, 45, 37
Vikings 4, 32, 34, 38, 40, 41, 43

Wergeld 18
Wisigoths 4, 8, 15

Solutions du jeu des pages 38-39

Il fallait retrouver les étoiles du drapeau européen sur la voile d'un bateau, un Viking sur un scooter des mers, un Viking avec un tourne-broche à la main et un couvercle de poubelle en guise de bouclier, un guerrier armé d'un fusil, une télévision, un pompier, un caméraman, un indien d'Amérique avec sa coiffe, un plongeur sous-marin, un groupe de militaires dans une barge, un Gaulois avec une fourchette au lieu de son épée, un Viking avec une cafetière sur la tête et un bouclier avec le signe @.
Le crucifix est caché en haut à droite, le vase en argent en haut à gauche, le collier de perles est au milieu à droite, le sac de pièces d'or en bas à gauche, le coffre en haut à droite.

Un dossier de **Gilles Massardier,**
illustré par **Yves Beaujard** (32-33, 34-35),
Marc Botta (8-9, 10-11, 20-21),
Gaëtan Doremus (4-5, 30),
Joëlle Jolivet (16-17), **Laurent Lolmède** (14-15, 24-25, 28-29),
Olivier Nadel (6-7, 30-31), **Nicolas Thers** (12-13),
Alexios Tjoyas (26-27), **Bertrand Vivès** (22-23).

Une activité de **Marie Le Doze.**
Merci à nos deux petits barbares pour la page activité :
Susan Baird-Smith et **Olaf Lolivret.**

Vignettes humoristiques : **Manu Boisteau.**
Jeu : **Daniel Guerrier.**
Tests et anecdotes : **Bruno Salamone.**
BD : **Gwen de Bonneval.**

Édition : **Marie Baird-Smith.**
Maquette : **Maryse Guittet.**
Recherche iconographique : **Nadine Gudimard.**

Crédits photographiques
P. 2-3 : AKG Paris : Navire de guerre des Vikings, miniature anglo-saxonne 1025-1050,
manuscrit Cotton Tiberius BV part I-fol. 40v. London British Library ; p. 13 h : AKG Paris : Dortmund,
Musée de l'École de Westphalie ; p. 13 b : Prod DB © D.R. ; p. 19 : Scala : Couverture de l'Évangéliaire
de Théodelinde, Trésor de la Cathédrale de Monza ; p. 21 : Trésor de l'Abbaye territoriale
de Saint-Maurice, Suisse ; p. 22 h et mh : R.M.N. ; p. 22 mb et b : R.M.N./J.G. Berizzi ;
p. 29 : Dagli Orti ; p. 40-41 : Marina Lolivret/Nathan.